BINTANG KECIL YANG CANTIK

Ditulis oleh Sylva Nnaekpe

Copyright © 2019 Sylva Nnaekpe.

Semua hak cipta terpelihara. № sebahagian daripada buku ini mungkin boleh _ semula dengan apa jua cara, medium, grafik, elektronik atau mekanikal, termasuk photocopying, rakaman, merakam atau melalui mana-mana sistem mendapatkan semula storan maklumat tanpa kebenaran yang ditulis penulis kecuali dalam kes petikan ringkas yang terkandung dalam artikel kritikal dan ulasan.

Buku boleh dipesan melalui buku atau
dengan menghubungi Silsnorra Publishing at:
silsnorra@gmail.com

Disebabkan sifat dinamik internet, mana-mana alamat web atau pautan yang terkandung dalam buku ini mungkin telah berubah sejak penerbitan dan mungkin tidak lagi sah. Pandangan yang dinyatakan dalam kerja ini ialah hanya mereka penulis dan belum tentu mencerminkan pandangan penerbit, dan penerbit dengan ini mengisytiharkan sebarang tanggungjawab untuk mereka.

Jun-Jun 978-1-951792-20-6 (Penutup lembut)
Jun-Jun 978-1-951792-19-0 (Penutup keras)
Jun-Jun 978-1-951792-37-4 (Buku elektronik)

Silsnorra Publishing Tarikh ulasan: 10/18/2019

Kelahiran saya dalam kebahagiaan, kegembiraan, dan ketawa.

Ia adalah pemandangan yang paling indah untuk dilihat.

Saya mempunyai ciri-ciri yang paling cantik: rambut, mata, hidung, telinga, gigi, gigi, dan mulut-sama seperti kebanyakan orang lain.

Hati saya penuh dengan belas kasihan, kasih sayang, dan menjaga. Saya ada minda yang saya boleh panggil saya sendiri.

Saya adalah semangat percuma yang sanggup, mampu, dan bersedia untuk belajar dan meneroka benda-benda baru.

Darah mengalir dalam urat saya, dan saya melalui proses pertumbuhan dan perkembangan yang sama seperti kebanyakan kanak-kanak lain. Saya belajar merangkak, bercakap, duduk, berdiri, berjalan, dan berlari, sama seperti ramai kanak-kanak yang saya jumpa.

Saya menikmati hadiah

kehidupan-udara,

air, makanan, minuman,

cahaya matahari,

bintang-bintang,

pasir, dan musim-musim-seperti

orang lain.

Saya mempunyai banyak tenaga.

Saya berpakaian untuk sesuai dengan musim-musim,

dan saya adalah kanak-kanak yang hebat.

Saya dikelilingi oleh orang-orang yang prihatin dan ingin melihat saya berbuat baik.

Saya akan membesar menjadi apa sahaja yang saya mahu dan pilih untuk menjadi, dengan bantuan dan sokongan orang-orang yang menyayangi saya, ambil berat tentang saya, dan ada di sekeliling saya.

Saya disayangi, dan saya prihatin. Sesetengah perkara mungkin cuba untuk memisahkan kita, tetapi saya yakin bahawa bersama-sama, kita boleh menjadikan dunia lebih baik daripada sekarang.

Nama saya Ivry.

Saya memang cantik,

dan

awak pun begitu juga.